*Mia Foank*

# ADLER, FISCH UND VERBOTENE FRÜCHTE

# ADLER, FISCH UND VERBOTENE FRÜCHTE

## CHRISTLICHE SYMBOLE IM ALLTAG ENTDECKT

DEUTSCHE
BIBEL
GESELLSCHAFT

edition chrismon

Bibliografische Information der Deutschen Nationalbibliothek:
Die Deutsche Nationalbibliothek verzeichnet diese Publikation in der
Deutschen Nationalbibliografie; detaillierte bibliografische Daten
sind im Internet über http://dnb.d-nb.de abrufbar.

Das Buch wurde auf alterungsbeständigem Papier gedruckt.

Gestaltung: Anja Haß, Leipzig
Druck und Bindung: BELTZ Bad Langensalza GmbH

ISBN 978-3-96038-194-5          ISBN 978-3-438-07434-8
www.eva-leipzig.de              www.die-bibel.de

# INHALT

inh

# INHALT

„Der Mensch, das Augenwesen,
braucht das Bild."

——————

*Leonardo da Vinci*

**Sicher kennen Sie Haftnotizzettel** – diese kurzen, oft neon-bunten Papierstreifen, die man mit einer Erinnerung beschriften und überall hinkleben kann. Im Grunde ist dieses Buch eine Sammlung von zweiundfünfzig Haftnotizen. Es enthält kurze Impulse zu den wichtigsten christlichen Symbolen und Motiven. Sie erinnern an die Bedeutung, die sich hinter diesen Symbolen verbirgt.

Denn Symbole sind Sinnbilder, die für etwas stehen. Sie sind Bedeutungsträger. An ihnen haftet ein Inhalt, der entdeckt, erschlossen und erinnert werden will. Damit erfüllen sie eine wichtige Funktion: An ihnen und durch sie vergegenwärtigt sich vergangenes Geschehen und wird neu lebendig. Christliche Symbole und Motive bewahren kultur-, geistes- und religionsgeschichtliche Tradition und stiften Identität für die Menschen, die sich in diese Tradition eingebunden wissen und daraus einen Teil ihrer Identität mitgestalten lassen.

Wir begegnen diesen Bedeutungsträgern unserer christlichen Kultur auf Schritt und Tritt – mitten in unserem Alltag. Viele kennen wir gut: So lassen uns Taube und Regenbogen an Noah und die Sintflut denken, und das Kreuz ruft uns Jesu Passion in Erinnerung. Doch andere sind weniger bekannt. Und oft genug bleibt der Inhalt des christlichen Symbols oder Motivs gänzlich unentdeckt. Oder wussten Sie, dass sogar das Einhorn eine biblische Bedeutung hat?

In einer Zeit, in der das Wissen um die Inhalte des christlichen Glaubens zu verdunsten scheint, nimmt die Wichtigkeit dieser Bedeutungsträger zu. Der Reichtum und die Herausforderung einer multikulturellen und multireligiösen Gesellschaft regt zur Nachfrage nach den unterschiedlichen Wurzeln und Traditionen kultureller und religiöser Identität an. Darin spielt das Wissen um die Inhalte, die sich hinter den Symbolen und Motiven verbergen, eine wichtige Rolle.

Dieses Buch stellt zweiundfünfzig wichtige christliche Symbole und Motive vor und erläutert informativ und kurzweilig deren Herkunft im biblischen Zusammenhang. Zweiundfünfzig Impulse für zweiundfünfzig Wochen des Jahres. Vielleicht lassen Sie sich ja von diesem Buch durch ein Jahr geleiten, in dem Sie christlichen Symbolen ganz neu auf die Spur kommen? Ergänzt werden die Texte durch stilvolle Fotos und Grafiken, die anregende Dialoge zwischen dem Symbol oder dem Motiv und dem daran gehefteten Inhalt ermöglichen. So eröffnet sich ein ganz neuer Blick darauf, wie uns Bibel und Glaube mitten im Alltag begegnen.

Spannende Neuentdeckungen
und aufgefrischte Erinnerungen
wünschen Ihnen

*Michael Jahnke und*
*Franziska Schikora*

Erst eins, dann zwei ...

*Advent, Advent, ein Lichtlein brennt.* Erst eins, dann zwei … fast jedes Kind weiß, wie dieser Vers weitergeht und wer schließlich vor der Tür steht. Es sei denn, man verpennt das Ereignis. Vor mehr als 175 Jahren wäre der Reim allerdings unzutreffend gewesen. Als der Theologe und Sozialpädagoge Johannes Heinrich Wichern im Jahr 1839 in seiner Einrichtung für arme Kinder und Jugendliche den ersten Adventskranz aufstellte, hatte dieser 23 Kerzen. Für jeden Wochentag bis Weihnachten eine kleine, für jeden Adventssonntag eine große Kerze. An der Bedeutung des Adventskranzes hat sich aber seitdem nichts geändert: Er macht die Wartezeit bis zum Weihnachtsfest überschaubar und zeigt durch das zunehmende Licht der Kerzen, dass Gottes Licht des Friedens und der Hoffnung durch das Christuskind in die Welt kommt.

*Das Volk, das im Finstern wandelt, sieht ein großes Licht, und über denen, die da wohnen im finstern Lande, scheint es hell.*

**2,8 Millionen Rosinen** passten in den Christstollen, der zum Dresdner Jubiläumsstollenfest 2013 gebacken wurde. Was von Stollenliebhabern kontrovers diskutiert wird, nämlich ob ein Stollen Rosinen enthalten sollte oder nicht, ist für das Traditionsgebäck Voraussetzung: kein echter Dresdner Christstollen ohne Rosinen! Mit seiner typischen Form gehört der Stollen zu den sogenannten Gebildebroten. So werden Gebäcke bezeichnet, die symbolisch bestimmte Formen oder Figuren darstellen. Mit Puderzucker umhüllt, erinnert der Christstollen an das in Windeln gewickelte Christuskind. Dass knapp 1500 Jahre später dieses Kind in der Krippe formgebend für das beliebteste Weihnachtsgebäck der Deutschen werden würde, hätten die ersten Besucher im Stall von Bethlehem wohl nicht für möglich gehalten.

*Und sie gebar ihren ersten Sohn*
*und wickelte ihn in Windeln*
*und legte ihn in eine Krippe;*
*denn sie hatten sonst keinen Raum*
*in der Herberge.*

**Lukas**
Kapitel 2, Vers 7

**Lukas**
*Kapitel 2, Vers 9*

Früher
war mehr
Lametta

**Man muss Opa Hoppenstedt** aus Loriots Kult-Sketch zustimmen: Früher war mehr Lametta! Goldene und silberne Lametta-Fäden waren ein Muss am Weihnachtsbaum und sorgten wie kaum ein anderer Baumschmuck für Weihnachtsstimmung. Die goldene, gekräuselte Variante des Lamettas wird als „Engelshaar" bezeichnet und erinnert an den Engel, der den Hirten auf den Feldern nahe Bethlehem die gute Nachricht von der Geburt Jesu überbrachte. Ob die Leuchtwirkung des Engels von seiner strahlenden Haarpracht ausging, ist fraglich. Die abnehmende Beliebtheit von Lametta am Weihnachtsbaum der Deutschen hat wohl einerseits mit der fehlenden Nachhaltigkeit und andererseits mit der Mode zu tun. Und die kann sich bekanntlich ändern – wieder mehr Lametta würde Opa Hoppenstedt sicherlich freuen.

*Und des Herrn Engel trat zu ihnen, und die Klarheit des Herrn leuchtete um sie; und sie fürchteten sich sehr.*

**Egal ob Hasel-, Para- oder Erdnüsse** auf den Weihnachtstellern liegen oder ob vergoldete Walnüsse am Weihnachtsbaum hängen: Die einfache symbolische Übertragung setzt die Nuss mit der Krippe im Stall von Bethlehem gleich. Die harte Schale der Nuss entspricht dem harten Holz der Krippe; der süße Nusskern dem „kostbaren" Christuskind in seiner ersten Wiege.

Die Bedeutungszuweisung zur Walnuss geht sogar noch darüber hinaus und verknüpft das weihnachtliche Symbol Nuss mit dem Ostergeschehen: Die bittere, grüne Hülle um die Walnuss symbolisiert das Leiden Christi; die harte Schale steht für das Holz des Kreuzes und der süße Kern verdeutlicht den Leib Christi, der im Abendmahl bedeutsam wird. Eine symbolische Bedeutung, die es erst einmal zu knacken gilt.

*Und sie kamen eilend und fanden beide, Maria und Josef, dazu das Kind in der Krippe liegen.*

*Und als acht Tage um waren*
*und er beschnitten werden sollte,*
*gab man ihm den Namen Jesus,*
*welcher genannt war von dem Engel,*
*ehe er im Mutterleib*
*empfangen war.*

**Aus der germanischen Mythologie** stammte die
Überzeugung, dass der Übergang vom vergange-
nen zum neu anbrechenden Jahr die Grenze
zwischen der Totenwelt und der Welt der Leben-
digen aufhob. Das böse Treiben der Geister wollte
man unterbinden und die Unruhestifter zurück
in ihre Welt verbannen. Das sollte allerdings nicht
mit Protonenstrahlen und Geisterfallen wie bei
den Ghostbusters im gleichnamigen Film aus dem
Jahr 1984 gelingen, sondern mit viel Lärm und
Feuerwerk. Mit diesem und anderen heidnischen
Bräuchen rund um den Jahreswechsel konnte
sich die kirchliche Obrigkeit nicht anfreunden.
Auch der Reformator Martin Luther forderte,
den Neujahrstag als „Tag der Beschneidung und
Namensgebung des Herrn" zu feiern. Durchsetzen
konnten sich Luther und andere Kirchenobere
damit aber nicht.

## Matthäus
Kapitel 2, Vers 1-2

**Bis heute wird gerätselt,** welchem „Weihnachtsstern"
die Heiligen Drei Könige auf ihrem Weg zum Stall folgten.
Die populärste Erklärung stammt von Johannes Kepler,
der für das Jahr 7 vor Christus ein gemeinsames Leuchten
von Jupiter und Saturn im Sternbild der Fische berechnete.
Das passte zu dem vermuteten Geburtstermin Jesu zwischen
7 und 4 vor Christus. In Kepplers Erklärung gilt Jupiter als
Königsplanet, Saturn wird als der Planet des Volkes Israel
gedeutet, und das Sternbild Fische versinnbildlicht das Land
Judäa. Eine so außergewöhnliche Konstellation hätte für
Könige aus dem Morgenland, vermutlich einflussreiche
Sternenkundige aus Babylonien, eine besondere Bedeutung
gehabt: Im Land der Juden ist ein neuer König geboren.

Sternstunde

Da Jesus geboren war zu Bethlehem in
Judäa zur Zeit des Königs Herodes, siehe,
da kamen Weise aus dem Morgenland
nach Jerusalem und sprachen:
Wo ist der neugeborene König der Juden?
Wir haben seinen Stern aufgehen sehen
und sind gekommen, ihn anzubeten.

### 1. Buch Mose

*Kapitel 3, Vers 2–3*

Paradiesapfel

*Da sprach das Weib zu der Schlange:*
*Wir essen von den Früchten*
*der Bäume im Garten; aber von den*
*Früchten des Baumes mitten im*
*Garten hat Gott gesagt: Esset nicht*
*davon, rühret sie auch nicht an,*
*dass ihr nicht sterbet.*

**Verführerisch liegen** die mit einer roten, knackigen Schicht aus karamellisiertem Zucker überzogenen Äpfel in den Auslagen der Jahrmarktbuden. Verführerisch ist auch der Vorfall, an den die Bezeichnung Paradiesapfel erinnert: Im Paradies erliegen die ersten Menschen Adam und Eva den Überredungskünsten der Schlange und probieren die Frucht vom Baum der Erkenntnis. Dabei hatte Gott ihnen genau dies verboten. Fragt sich, was die Verlockung unwiderstehlich werden ließ: die Aussicht auf einen fruchtigen Genuss, der Reiz des Verbotenen oder die Aussicht, Gutes und Böses erkennen zu können. Dass es sich bei der Frucht um einen Apfel handelte, ist dem biblischen Text so nicht zu entnehmen. Verführerisch ist er in seiner süßen Form aber allemal.

## 1. Buch Mose

*Kapitel 8, Vers 22*

**Das Phänomen des Regenbogens** übt von jeher eine Faszination auf Menschen aus. Aus der irischen Mythologie stammt die Annahme, dass am Ende des Regenbogens ein Topf Gold verborgen sei. Gefunden hat diesen Schatz bislang vermutlich noch niemand. Im Christentum ist der Regenbogen eng mit der Erzählung von Noah und der Arche verknüpft: Die Schlechtigkeit der Menschen lässt Gott seine Erschaffung des Menschengeschlechts bereuen. Durch eine große Flut vernichtet er alle und macht nur mit Noah, seiner Familie und den Tieren einen neuen Anfang. Schließlich bereut Gott sein Tun und verspricht, dass es nie wieder eine solche Vernichtung geben wird. Als sichtbares Zeichen für sein Versprechen setzt Gott den Regenbogen in die Wolken. Wer heute einen Regenbogen sieht, kann sich an dieses Versprechen erinnern.

———

*Solange die Erde steht,*
*soll nicht aufhören Saat und Ernte,*
*Frost und Hitze, Sommer und Winter,*
*Tag und Nacht.*

*Am Ende des Regenbogens*

***Jetzt geht's zur Sache*** oder eben „Butter bei die Fische". Ganz so forsch ist das Symbol des Fisches, das man auf dem Heck vieler Autos entdecken kann, jedoch ursprünglich nicht. Es ist auch keineswegs eine Werbung für einen bekannten Fischimbiss, sondern war in der Zeit der frühen Christenverfolgungen das geheime Erkennungszeichen der Christen. Das Fischsymbol wird dabei mit der biblischen Erzählung von der Speisung der Fünftausend verknüpft. Dieser Erzählung zufolge sorgt Jesus durch ein Wunder dafür, dass viele Tausend Menschen von fünf Broten und zwei Fischen satt werden. Als Geheimzeichen taucht der Fisch oft zusammen mit den griechischen Buchstaben Ichthys, dem griechischen Wort für Fisch, auf. Sie stehen für „Jesus Christus Gottes Sohn Erlöser". Auch heute noch ist der Fisch am Auto ein Zeichen dafür, dass das Auto einer Christin oder einem Christen gehört.

**Johannes**
*Kapitel 6, Vers 11*

Jesus nahm die Brote, dankte und gab sie denen,
die sich gelagert hatten; desgleichen auch von
den Fischen, so viel sie wollten.

**Die Redewendung** „Klein, aber oho" wird zumeist dann verwendet, wenn nicht Zugetrautes geschieht und dabei Erwartungen übertroffen werden. Ein Senfkorn ist dafür ein gutes Bespiel: Es ist winzig, wächst aber zu einem überraschend großen Baum. In seiner biblischen Gleichnisrede nimmt Jesus das Senfkorn als Beispiel, um damit das Reich Gottes zu beschreiben. Es beginnt klein und kaum wahrnehmbar und wächst dynamisch zu einer überraschenden und unübersehbaren Größe. Betrachtet man das Wachstum des Christentums von den ersten Anfängen bis hin zur heutigen Ausdehnung, wird das Gleichnis vom Senfkorn nachvollziehbar. Für heutige Senf-Liebhaber ist die Entscheidung „körnig" oder „nicht körnig" die Gretchenfrage. Die Variante ohne die kleinen Körner ist aber deutlich beliebter.

*Und er sprach: Womit wollen wir das
Reich Gottes vergleichen, und durch
welches Gleichnis wollen wir es abbilden?
Es ist wie ein Senfkorn.*

**Markus**
Kapitel 4, Verse 30–31a

KÖRNIGER SENF
Mit extra vielen Senfkörnern

Klein, aber oho

Klein,
aber oho?

**„Das, was erfreut, hat noch nie gereut ...",**
dichtete der Kölner Liederschreiber Jupp
Schmitz in dem Karnevalsklassiker „Am Aschermittwoch ist alles vorbei". Um der Reue nach
dem närrischen Treiben zu entgehen, wurde
in einigen Karnevalshochburgen der Nubbel
etabliert. Das ist eine große Strohpuppe, die zu
Beginn der Karnevalstage in den Kneipen auf-
gestellt wird. Am Aschermittwoch wird dem
Nubbel alles reuewürdige Handeln der vergan-
genen Tage zugesprochen. Schließlich wird
er verbrannt oder zu Grabe getragen. So lassen
sich alle Untaten ungeschehen machen. Es
verblüfft, wie eng dieses Brauchtum mit dem
christlichen Grundgedanken von Schuld und
Sühne verknüpft ist. Ist es im Alten Testament
noch ein Sündenbock, der die Verfehlungen
der Menschen stellvertretend begleicht, so ist
es im Neuen Testament Jesus Christus.

# Nubbel
## alaaf
## you!

Aber er ist um unsrer Missetat
willen verwundet und um unsrer
Sünde willen zerschlagen.
Die Strafe liegt auf ihm, auf dass
wir Frieden hätten, und durch
seine Wunden sind wir geheilt.

**An einem Donnerstag** vor fast zweitausend Jahren wurde einer der berühmtesten Beträge der Weltgeschichte ausbezahlt: der Judaslohn. Laut Wiktionary rührt die Bezeichnung daher, dass Judas Iskariot, einer der zwölf engsten Vertrauten von Jesus, ihn verrät und dafür von den Hohepriestern einen Geldbetrag erhält. Dreißig Silberlinge für ein Leben.
Die Summe hört sich beinahe geringschätzig an. Auch Geldhistoriker tun sich schwer, die heutige Kaufkraft des Judaslohns zu bestimmen. Wenn es sich dabei tatsächlich um den sogenannten Tyros-Schekel handelte, strich Judas umgerechnet etwa zehntausend Euro ein. Heute reicht dies für einen Kleinwagen, damals konnte davon ein Esel bezahlt werden. Esel oder Auto: Das Grundmuster ist über die Jahrtausende erhalten geblieben. Bis heute steht der Begriff Judaslohn für die Entlohnung eines Verräters.

*Was wollt ihr mir geben?*
*Ich will ihn euch verraten.*
*Und sie boten ihm dreißig*
*Silberlinge.*

VERRATEN
UND
VERKAUFT

# BLUTS-BRÜDER

---

*Und er nahm den Kelch,*
*dankte und gab ihnen den;*
*und sie tranken alle daraus.*

**Blut ist bekanntlich dicker als Wasser,** und wer mit Winnetou-Filmen aufgewachsen ist, weiß um die verbindliche Bedeutung der Blutsbruderschaft. Wer es etwas humoriger mag, sei an die Szene im „Schuh des Manitu" erinnert, in dem das Ritual der Blutsbruderschaft heftig misslingt.

Beim Symbol des Kelchs geht es weniger um den Kelch selbst, der als „Heiliger Gral" eine mystische Bedeutung erlangt hat. Es geht um den Wein in dem Kelch, den Jesus beim abendlichen Mahl mit seinen Jüngern mit seinem Blut vergleicht: „Das ist mein Blut des Bundes, das für viele vergossen wird." Das Blut, das Jesus beim Tod am Kreuz vergießt, wird zum besiegelnden Zeichen der Versöhnung und zum Garanten für die neue Verbindung zwischen Gott und den Menschen. Christen denken nicht nur an Ostern, sondern in jedem Abendmahl an dieses einmalige Geschehen.

## 1. Korintherbrief
Kapitel 11, Vers 24b

**Es mag heikel sein,** die Oblate im Zusammenhang mit dem Abendmahlsgeschehen als „Leibspeise" zu bezeichnen. Denn eigentlich bezeichnet die Leibspeise ein sehr bevorzugtes Essen. In der Wortkombination wird aber auch eine Symbolbedeutung des Abendmahls sichtbar: Der Apostel Paulus zitiert in seinem Brief an die Christen in der Stadt Korinth Jesus selbst. Jesus vergleicht wenige Stunden vor seinem Kreuzestod das Brot beim abendlichen Mahl mit seinem Leib. Ebenso, wie er das Brot vor dem Austeilen an seine Jünger bricht, wird auch sein Leib „zerbrochen" werden. Wer im Abendmahlsgeschehen das Brot oder die Oblate bricht und zu sich nimmt, vergegenwärtigt sich auch außerhalb des Osterfestes den Kreuzestod Jesu.

*Dies ist mein Leib,*
*der für euch gegeben wird;*
*das tut zu*
*meinem Gedächtnis.*

Leib-
speise

Lammfromm

Siehe, das ist Gottes Lamm,
das der Welt Sünde trägt.

## Johannes
### Kapitel 1, Vers 29

**Schlägt man im Duden** den Begriff „lammfromm" nach, stößt man auf Adjektive wie brav, duldsam, folgsam, fügsam, geduldig, gefügig, gehorsam, handzahm, lieb, milde, nachsichtig und sanft. Zu dieser Aufzählung würden auch die Begriffe „unschuldig" und „wehrlos" passen. Im Zusammenhang mit dem Lamm als Opfertier passen diese Zuschreibungen gut. Wenn der Evangelist Johannes Jesus als Gottes Lamm bezeichnet, greift er auf das sogenannte Gottesknechtslied aus dem Alten Testament zurück. Dort wird der Knecht Gottes mit einem Opferlamm verglichen, der gehorsam und wehrlos das Opfergeschehen über sich ergehen lässt. Selbst unschuldig, nimmt er duldsam und gefügig die Sünde der Menschen stellvertretend auf sich (Jesaja 53).

„**Kräht der Hahn auf dem Mist,** ändert sich das
Wetter oder bleibt wie's ist." Die Trefferquote von
Bauernregeln liegt bei satten fünfzig Prozent.
Entweder sie stimmen oder auch nicht. Der Hahn
bleibt davon unbeeindruckt und kräht weiter –
manchmal auch auf Kirchtürmen. Hier lassen
sich ihm dann andere Bedeutungen zuschreiben:
Im Zusammenhang mit dem Passionsgeschehen
stehen der Hahn und sein dreimaliger Schrei für
die Verleugnung des Jüngers Petrus. Somit kann
er als Mahnmal gegen den Glaubensverrat und
für die Aufrichtigkeit verstanden werden.
Abgesehen davon, dreht er sich als Wetterhahn
auf der Kirchturmspitze nicht selten im Wind und
zeigt die Himmelsrichtungen an. Wenn jemand
wie Petrus aus Furcht seine Identität verleugnet,
sich windet und man sich nicht auf ihn verlassen
kann, sagt man daher auch: Er dreht sich wie
der Hahn im Wind.

Bevor
der
Hahn
dreimal
kräht

Da dachte Petrus an das Wort,
das Jesus zu ihm gesagt hatte:
Ehe der Hahn kräht,
wirst du mich dreimal verleugnen.
Und er ging hinaus und
weinte bitterlich.

**Markus**

*Kapitel 15, Vers 32a*

*Ob als kleine goldene* oder silberne Schmuckstücke mit tiefer persönlicher Bedeutung oder als besonders großes Modestatement: Viele Menschen tragen Kreuze gerne als Schmuck um den Hals. Die Redewendung „Jeder hat sein Kreuz zu tragen" spielt aber nicht darauf an, sondern meint stattdessen, dass jeder Mensch in seinem Leben Schweres zu erdulden hat. Die Bedeutung, die dem Kreuz damit zugewiesen wird, trifft den ursprünglichen Sinn schon eher. Das Kreuz war zu Zeiten Jesu ein Instrument der Folter und des Todes. Am Karfreitag denken Christen daran, dass Jesus den Kreuzestod auf sich genommen hat. Der christliche Glaube versteht diesen Tod als Stellvertretertod. Weil Jesus stellvertretend die Schuld der Menschen auf sich nimmt, können die Menschen versöhnt und befreit mit Gott leben.

*Ist er der Christus, der König von Israel, so steige er nun vom Kreuz, damit wir sehen und glauben.*

Jeder hat sein Kreuz zu tragen

### Lukas
*Kapitel 24, Verse 5–6*

Grabesstille

**Würde man alle verzehrten Ostereier** der Deutschen aneinanderlegen, wären das rund 240 Millionen Eier auf einer Länge von etwa 18.100 Kilometern. Diese „Eierkette" würde von Berlin bis Neuseeland reichen. Wir Deutschen lieben unser Osterei. Erstmalig erwähnt wird das Osterei im vierzehnten Jahrhundert als abzulieferndes Zinsei. Im Mittelalter war es den Christen in der Fastenzeit verboten, Eier zu essen. Der dadurch bedingte Eier-Überschuss wurde zur Bezahlung des Pachtzinses verwendet. Was übrig blieb, wurde in der Familie zum Osterfest gegessen.

Dem Ei wird im Zusammenhang mit dem Ostergeschehen eine symbolträchtige Bedeutung zugeschrieben: Wie ein Küken in der engen Schale verborgen ist, ist auch Jesus Christus in der Dunkelheit und Stille seines Grabes verborgen. Erst am Ostermorgen öffnet sich das Grab und Jesus tritt als Auferstandener hervor.

*Was sucht ihr den Lebenden bei den Toten?*
*Er ist nicht hier, er ist auferstanden.*

**Markus**

Kapitel 7, Verse 15–16

---

*Es gibt nichts, was von außen in den Menschen hineingeht, das ihn unrein machen könnte; sondern was aus dem Menschen herauskommt, das ist's, was den Menschen unrein macht.*

**Rein und unberührt:** Lilien symbolisieren die Jungfräulichkeit. Bis in die Anfänge des neunzehnten Jahrhunderts schmückten sie beinahe ausschließlich die Gräber von Kindern oder jungen Mädchen. Die Lilie wurde zur Todesblume, und inzwischen sind weiße Lilien als Trauerblumen allgemein bekannt.

Die Farbe Weiß unterstreicht zusätzlich die zwei Seiten von Reinheit und Tod. Auch in der Malerei finden wir diese Blume oft. In den bildlichen Darstellungen von Maria, der Mutter Jesu, steht sie für die bereits genannten Attribute der Unschuld und Reinheit beziehungsweise Jungfräulichkeit. In einer kniffligen Debatte mit den Gelehrten seiner Zeit streitet Jesus in einer neutestamentlichen Schilderung um den Begriff der Reinheit: Nicht äußerliche Waschungen und die Einhaltung der Speisevorschriften nach den jüdischen Gesetzen machen rein; sondern das „Innere", die Herzenshaltung des Menschen, ist für die Reinheit maßgeblich.

Todesblume

Schäfchen zählen

**Wer nachts im Bett Schäfchen zählt,** wird ihn nicht brauchen, aber wer als Hirte seine Herde hütet, kommt um ihn nicht herum: den Hirtenstab. Wer heute einem Hirten zusieht, wird an seinem Arbeitsgerät oben ein gebogenes Ende und unten eine spatenähnliche Verbreiterung entdecken, die Nützliches mit sich bringen: Mit der „Krumme" werden einzelne Tiere am Hinterbein gehalten und so eingefangen; mit dem Spaten werden zum Beispiel Steine und Dreck auf wildernde Hunde geschleudert und diese so verscheucht. Ein guter Hirte beschützt und leitet seine Herde. Das Bild vom guten Hirten steht in der Bibel für Gott und wird im Neuen Testament auch für Jesus verwendet. So lässt es sich im bekannten Psalm 23 oder in Johannes 10,11–14 nachlesen. Kirchengeschichtlich wird der Bischof in seinem Amt als Hirte gesehen: Ein guter Bischof beschützt und leitet seine Gemeinde und sorgt für Gerechtigkeit und Recht. Dabei symbolisiert der Bischofsstab den ursprünglichen Hirtenstab.

*Und ob ich schon wanderte im finstern Tal,*
*fürchte ich kein Unglück; denn du bist bei mir,*
*dein Stecken und Stab trösten mich.*

## 2. Buch Mose
*Kapitel 19, Verse 5–6*

**„Ein Ring, sie zu knechten,** sie alle zu finden, ins Dunkel zu treiben und ewig zu binden." Der Autor J. R. R. Tolkien hat im Fantasy-Epos „Herr der Ringe" seine Bedeutungsdimension des Ringes klar gekennzeichnet: ein Ring der Knechtschaft. Dabei ist die Symbolkraft eines Ringes wesentlich positiver: Der Ring ist ein Symbol ewiger Treue, eines Bundes, eines Gelübdes, einer Gemeinschaft. Im Alten und im Neuen Testament wird an vielen Stellen von Bünden berichtet, die Gott mit den Menschen schließt. Dabei geht die Initiative immer von Gott aus, der mit einem Einzelnen oder dem ganzen Volk Israel in ein besonderes Verhältnis tritt. Dieses Verhältnis umfasst von Gott her die Zusage von Heil und Segen, vom Menschen her die Verpflichtung zur Treue gegenüber Gott und seinen Geboten.

*Werdet ihr nun meiner Stimme gehorchen und meinen Bund halten, so sollt ihr mein Eigentum sein vor allen Völkern; denn die ganze Erde ist mein. Und ihr sollt mir ein Königreich von Priestern und ein heiliges Volk sein.*

EIN RING,
SIE ZU KNECHTEN

**Johannes**
*Kapitel 1, Verse 40–41*

**Nummer 201,** das ist das Vorschriftszeichen des weiß-roten Kreuzes an Bahnübergängen. Es weist darauf hin, dass man sich einem Bahnübergang nähert und dem Schienenverkehr Vorrang gewähren muss. Zu seinem Namen „Andreaskreuz" kommt dieses Verkehrsschild aus einem besonderen Grund: Es ist überliefert, dass der Apostel Andreas als Märtyrer an einem Kreuz mit zwei diagonal verlaufenden Balken gekreuzigt wurde. Damit steht dieses Kreuz als Symbol für die besondere Hingabe des Apostels. Von Andreas wird im Neuen Testament wenig berichtet. Er war aber derjenige der zwölf engsten Vertrauten Jesu, der schon sehr früh glaubte, dass Jesus der verheißene Retter ist.

**Nummer 201**

Einer von den zweien, die Johannes
gehört hatten und Jesus nachgefolgt waren,
war Andreas, der Bruder des Simon Petrus.
Der findet zuerst seinen Bruder Simon
und spricht zu ihm: Wir haben den Messias gefunden,
das heißt übersetzt: der Gesalbte.

HIMMELFAHRTSKOMMANDO

**Die Zeichen X und P** in der abgebildeten Form bergen ein Geheimnis: Sie stammen aus dem Griechischen und stehen für die Buchstaben Chi (X) und Rho (P). Sie bilden die ersten beiden Buchstaben des griechischen Wortes für Christus. Dieses Christusmonogramm wird auch Konstantinisches Kreuz genannt. In manchen Abbildungen wird das Symbol im Zusammenhang mit einer Wolke verwendet und steht dann für einen der Festtage im Kirchenjahr: Himmelfahrt. In dem bedeutungsgebenden biblischen Text wird geschildert, wie Jesus nach dem Auferstehungsgeschehen letzte Worte an seine engsten Vertrauten richtet und schließlich vor ihren Augen auf einer Wolke in den Himmel emporgehoben wird. Ein Himmelfahrtskommando im gebräuchlichen Wortsinn ist dies aber nur bedingt.

---

*Und als er das gesagt hatte,*
*wurde er vor ihren Augen emporgehoben,*
*und eine Wolke nahm ihn auf,*
*weg vor ihren Augen.*

*Gott aber erweist*
*seine Liebe zu uns darin,*
*dass Christus*
*für uns gestorben ist,*
*als wir noch Sünder*
*waren.*

**Kennen Sie noch** die Sendung „Herzblatt"? Ein Fernsehformat, in der ein Mann oder eine Frau aus jeweils drei Kandidaten des anderen Geschlechts sein bzw. ihr „Herzblatt" auswählen durfte. Dieses wurde durch eine Befragung ermittelt, bei der die Kandidaten möglichst charmant und witzig antworten sollten. Während der gesamten Befragung waren die oder der Suchende und die drei Kandidaten durch eine Wand voneinander getrennt und sahen sich zum ersten Mal, als die finale Wahl getroffen war. Mit etwas Glück war dies der Beginn einer großen Liebe. Aus biblischer Sicht ist der Ursprung aller Liebe die Liebe Gottes. Der Apostel Paulus schreibt, dass Gottes Liebe zu den Menschen dadurch sichtbar geworden ist, dass Jesus sein Leben für alle Menschen gegeben hat. Seine Liebe richtet sich an alle Menschen.

**Römerbrief**
*Kapitel 5, Vers 8*

**Wenn die riesigen Taubenschwärme** über dem Markusplatz von Venedig kreisen, versuchen Touristen ihre Köpfe vor ungebetenen Absonderungen zu schützen. Alles Gute kommt von oben. Biblisch gesehen stimmt das. In der Bibel ist die Taube ein Symbol für den Heiligen Geist.

Dies geht auf die Schilderung von der Taufe Jesu zurück, bei der der Heilige Geist in Gestalt einer Taube vom Himmel auf Jesus herabkommt (Matthäus 3,13–17). Zu Pfingsten nimmt der Heilige Geist, der zu den Jüngern kommt, dann die Gestalt von feurigen Flammen an. Mit überraschender Wirkung: Plötzlich können sie fremde Sprachen verstehen und sich selbst in vielen Sprachen verständigen. Sie gehen hinaus und verkünden, was sie von Jesus gehört und dass sie ihn gesehen haben.

**Alles Gute kommt von oben**

Und es geschah plötzlich ein Brausen vom Himmel
wie von einem gewaltigen Sturm und
erfüllte das ganze Haus, in dem sie saßen.
Und es erschienen ihnen Zungen, zerteilt und wie von Feuer,
und setzten sich auf einen jeden von ihnen,
und sie wurden alle erfüllt von dem Heiligen Geist
und fingen an zu predigen in andern Sprachen,
wie der Geist ihnen zu reden eingab.

**Wer die Rückseite** der Ein-Dollar-Banknote betrachtet, findet das geheimnisumwitterte Zeichen des Auges in einem vom Strahlenkranz umgebenen Dreieck als Spitze der Pyramide. Das „Auge Gottes", „Auge der Vorsehung" oder „allsehende Auge" wird auch dem Orden der Freimaurer und den Illuminaten zugeschrieben und hat in Verbindung mit der Banknote Anlass für vielfältige Verschwörungstheorien gegeben. Das „Sonnenauge" hat aber ebenso Wurzeln in der ägyptischen und der indischen Mythologie.

Im christlichen Kontext steht das Auge im Dreieck für die Allgegenwart des dreieinigen Gottes, so wie es im biblischen Buch der Sprüche zum Ausdruck gebracht wird: „Die Augen des HERRN sind an allen Orten, sie schauen auf Böse und Gute" (Sprüche 15,3). Manchen Menschen ist diese umfassende „Beobachtung" zuweilen unangenehm.

---

*HERR, du erforschest mich und kennest mich.*
*Ich sitze oder stehe auf, so weißt du es;*
*du verstehst meine Gedanken von ferne.*
*Ich gehe oder liege, so bist du um mich und*
*siehst alle meine Wege.*

**Der Anker** gilt als Symbol für Treue. Eine Eigenschaft, die Menschen in einer engen und zuverlässigen Verbindung zueinander wichtig ist. Ob man jedoch den vielen mit Ankern tätowierten Matrosen ihr Treueversprechen glauben kann?

Mose, eine der zentralen Figuren in den ersten fünf Büchern der Bibel, schreibt Gott die Eigenschaft Treue zu. Gerade hatte das Volk der Israeliten seinem Gott die Treue gebrochen und ein goldenes Stierbild angebetet. Und dies, während Mose von Gott die Gesetzestafeln als Grundlage des Bundesschlusses zwischen Gott und seinem Volk erhält. Mose beruft sich auf die verlässliche Bindung, die Gott zu einem Volk eingegangen ist, und der Bundesschluss kann schließlich dennoch stattfinden. „In guten wie in schlechten Zeiten ..." – dies ist nicht nur Teil der Trauformel bei der Schließung des Ehebundes, sondern auch Gottes Treueversprechen an sein Volk.

Und der HERR ging vor
seinem Angesicht vorüber,
und er rief aus: HERR, HERR,
Gott, barmherzig und
gnädig und geduldig und von
großer Gnade und Treue.

# Philipperbrief
*Kapitel 4, Vers 6*

Fingerübung

**Es ist eine der berühmtesten Zeichnungen der Welt:**
zwei Hände, die aneinander liegen, zum Gebet gefaltet.
Ein Bild, das Albrecht Dürer vor fünfhundert Jahren
als Studie für einen Altar anfertigte und das weithin als
„Betende Hände" bekannt ist. Sogar Pop-Art-Künstler Andy
Warhol hat sich dieses Motiv auf seinen Grabstein meißeln
lassen. Dass wir unsere Hände zum Gebet falten, hat ur-
sprünglich mit dem Lehnseid der Vasallen zu tun: Ihre
Hände wurden zusammengelegt und so in die Hände des
Lehnsherrn gelegt. Dies galt als Zeichen der Treue. Das
Händefalten oder auch das Ineinandergreifen der Finger
zum Gebet bringt die Bindung zum Ausdruck, die man
im Gespräch mit Gott eingeht. Doch ganz gleich, welche
Gebetshaltung wir einnehmen: Es geht darum, zu einem
Gebet zu finden, in dem wir uns und unser Leben vor Gott
zur Sprache bringen und ihm näherkommen können.

*Sorgt euch um nichts,*
*sondern in allen Dingen lasst*
*eure Bitten in Gebet und*
*Flehen mit Danksagung vor Gott*
*kundwerden!*

Hamburg, meine Perle

***Neben der Reeperbahn,*** dem Fischmarkt und dem Nieselregen kommt vielen Deutschen das markante Wappen Hamburgs in den Sinn, wenn sie an die Hansestadt denken. Das Wappen zeigt eine Burg mit drei Türmen. Der mittlere Turm soll den mittelalterlichen Mariendom symbolisieren, die beiden Sterne auf den äußeren Türmen sind sogenannte Mariensterne, benannt nach der Schutzpatronin der Stadt im Mittelalter. Wie passend, denn Burgen waren schon immer ein Symbol des Schutzes, der Sicherheit und Geborgenheit. In der Bibel sind sie ein Sinnbild für das Vertrauen des Menschen auf Gott und sein Handeln. Burgen haben als Festungen hier einen symbolischen Charakter. Wenn Gott, wie in Psalm 18, mit einer Burg verglichen wird, so zeigt das seine Eigenschaft, Schutz für die Menschen zu sein. Gott bietet eine Zuflucht, wie man sie in einer Burg findet.

---

*HERR, mein Fels, meine Burg,*
*mein Erretter, mein Gott,*
*mein Hort, auf den ich traue,*
*mein Schild und Horn meines*
*Heils und mein Schutz!*

**GELBER ENGEL**

*Denn er hat seinen Engeln befohlen,*
*dass sie dich behüten auf allen deinen Wegen,*
*dass sie dich auf den Händen tragen*
*und du deinen Fuß nicht an einen Stein*
*stoßest.*

**Haben Engel eine bestimmte Farbe?**
Wenn es um den bekannten Pannen-
dienst geht, dann sind sie eindeutig
gelb. Ein Anruf genügt und sie eilen zu
Hilfe. Sie haben wahrlich ihren Spitzna-
men „gelbe Engel" verdient. Und auch
Menschen ohne den Schutzbrief eines
Automobilclubs sind häufig überzeugt
davon, einen Schutzengel zu haben.

Doch was sind Engel? Das Wort „Engel"
kommt vom griechischen „angelos",
das, ebenso wie das entsprechende
hebräische Wort „malak", „Bote/Gesand-
ter" bedeutet. In der Bibel sind Engel
Boten Gottes und vermitteln zwischen
Gott und Mensch. Engel handeln im
Auftrag Gottes und schützen Menschen
in Gefahren. Sie personifizieren unseren Schutz. Und es ist die Botschaft
der Bibel, dass Menschen sich in Gefahr
unter Gottes Schutz wissen dürfen –
und das sogar ganz ohne Anruf.

## Matthäus

*Kapitel 17, Vers 2*

**Hätten Sie's gewusst?** Der Begriff Halo stammt aus dem Griechischen und bezeichnet den Lichtring um Mond oder Sonne. Wer in einer sternklaren Nacht den Vollmond betrachtet, wird das Phänomen mit bloßem Auge gut sehen können. Im Englischen bezeichnet Halo den Heiligenschein. Er steht als Symbol für das Mächtige, Erleuchtete und Heilige. In der christlichen Kunst wurden zuerst der Gottessohn Jesus Christus, Gott, die Engel und die Päpste mit dem Heiligenschein geschmückt. Später folgten die Gottesmutter Maria und schließlich alle Heiligen.

Im biblischen Zusammenhang wird von ähnlich anmutenden Leuchtwirkungen berichtet: Ein Glänzen schmückt das Angesicht von Mose als Abglanz seiner Gottesbegegnung auf dem Berg Sinai (2. Mose 34,29–35). Und im Neuen Testament wird Jesus mit heiligem Scheinen geschmückt, als er durch eine Stimme aus den Wolken als Gottessohn bestätigt wird.

Und er wurde verklärt vor
ihnen, und sein Angesicht
leuchtete wie die Sonne,
und seine Kleider wurden weiß
wie das Licht.

## Johannes
### Kapitel 4, Vers 10

**Whisky liegt voll im Trend** und die Verkostung unterschiedlichster Marken ist in. Der torfig-rauchige Geschmack findet zunehmend Zustimmung. Hätten Sie gedacht, dass sich der Name Whisky aus dem Schottisch-Gälischen „uisge beatha" (Lautschrift) ableitet und „Wasser des Lebens" bedeutet? Ein hoher Anspruch, der sich in einer solchen Bezeichnung verbirgt.

In der bewegenden Begegnung zwischen Jesus und der Frau aus Samarien findet sich ein ähnlicher Anspruch auf ungewöhnliche Weise wieder. Aus der alltagstypischen Begebenheit am Brunnen entfaltet sich ein Gespräch über das, was im Leben wirklich zählt. Schließlich bietet Jesus seiner Gesprächspartnerin Wasser in einer Qualität an, das dem Anspruch genügt, Wasser des Lebens zu sein. Er selbst ist die Quelle, aus der dieses Wasser quillt.

———

*Jesus antwortete und sprach zu ihr: Wenn du erkenntest die Gabe Gottes und wer der ist, der zu dir sagt: Gib mir zu trinken!, du bätest ihn, und er gäbe dir lebendiges Wasser.*

**uisge beatha**
[ɯʃkʲe 'bɛha]

**Wenn die Sonne** am Mittag brennt, geben auch die größten Sonnenanbeter auf und suchen sich einen Schattenplatz. Hochsaison für die Schirmverkäufer am Strand, denn sie wissen, wie wichtig uns der Schutz ist. Der Schirm wird zur heißbegehrten Ware. Ähnlich, wenn in der Bibel vom „Schirm des Höchsten" die Rede ist, denn das meint nichts anderes. Gottes Zuwendung zum Menschen wird mit einem Schirm verglichen, der uns Schutz bietet: vor der brennenden Sonne, vor Regen, aber vor allem vor gemeinen Worten oder Verzweiflung. Er bewahrt, behütet und hilft uns. Ein Symbol, das uns zeigen soll, dass wir nicht allein gelassen werden, sondern in Gott eine Zuflucht haben und er seine schützende Hand über uns ausbreitet.

Wer unter dem Schirm des Höchsten sitzt und unter dem Schatten des Allmächtigen bleibt, der spricht zu dem Herrn: Meine Zuversicht und meine Burg, mein Gott, auf den ich hoffe.

***Das Symbol der Schlange am Stab*** stammt
aus der griechischen Mythologie und geht auf
Asklepios (lateinisch Aesculapius, deutsch
Äskulap), den Gott der Heilkunst, zurück. Er soll
auf dem Weg zu Kranken immer eine Äskulap-
natter dabeigehabt haben, die sich um seinen
Wanderstab ringelte. Bis heute steht der Äskulap-
stab für den ärztlichen und pharmazeutischen
Stand. Hauptsache gesund!

Auch in der biblischen Geschichte des Gottes-
volkes auf Wüstenwanderung wirkt das Symbol
einer Schlange am hoch aufgerichteten Stab
heilsam. Es hilft gegen die giftigen Schlangen,
die als Strafe für den Ungehorsam des Gottes-
volkes ins Lager eindringen. Wer die bronzene
Schlange ansieht und an Gottes Hilfe glaubt,
wird gerettet. Man kann in der erhöhten, bronze-
nen Schlange am Stab durchaus ein Sinnbild
für Jesus, den am Kreuz erhöhten Heiland der
Welt, sehen.

*Da machte Mose eine eherne*
*Schlange und richtete sie hoch*
*auf. Und wenn jemanden eine*
*Schlange biss, so sah er die*
*eherne Schlange an und blieb*
*leben.*

*Denn Gott der HERR ist Sonne*
*und Schild; der HERR gibt*
*Gnade und Ehre.*
*Er wird kein Gutes mangeln*
*lassen den Frommen.*

**Von heiter bis wolkig,** nur bitte kein Regen. Uns ist bestes Sommersonnenwetter einfach am liebsten. Doch die pralle Sonne ist nicht bei jedem gleichermaßen willkommen. Während Sonnenanbeter ihre Wärme genießen, verzweifeln die Bauern an ihrer brutalen Kraft, da sie die Ernte zu verbrennen droht. Sonne ist Lebenskraft und Bedrohung zugleich – in dieser Ambivalenz aber auch gerecht, da sie nicht unterschei-det. Im bekannten Kirchenlied „Sonne der Gerechtigkeit" und im biblischen Buch Maleachi wird Gott als gerechter Herrscher mit der aufgehenden Sonne verglichen: Wie die Sonne bringt er ans Licht, was im Dunkel verborgen blieb, und schafft Recht, wo Ungerechtigkeit herrschte. Die Sonne ist aber auch Sinnbild für Gottes lebensspendende Schöpferkraft, durch dessen Zuwendung das Leben aufblüht.

**Ähnlich. Ungefähr gleich. Getauft.** In dem
Zeichen des kurzen gewellten Strichs versteckt
sich mehr Alltagswirklichkeit, als die meisten
Menschen vermuten. Denn die sogenannte Tilde
steht für die Taufe. Sie kennzeichnet, neben dem
Sternchen (Geburt), den überlappenden Ringen
(Ehe) oder dem Kreuz (Tod), eines der wichtigen
Ereignisse im Leben eines Menschen. Die Tilde
symbolisiert die Welle des Wassers, das in den
unterschiedlichen kirchlichen Traditionen der
Taufe eine Rolle spielt. Nicht selten wird dem
Täufling mit dem Taufwasser auch das Zeichen
des Kreuzes auf die Stirn gemalt. Nach dem Bibel-
text aus dem Brief an die Galater ist die Taufe
ein Geschehen aus dem Glauben an den gekreuzigten Christus heraus. Sie macht den Täufling
zu einem Kind Gottes.

*Denn ihr alle,*
*die ihr auf Christus getauft seid,*
*habt Christus angezogen.*

Wasserzeichen

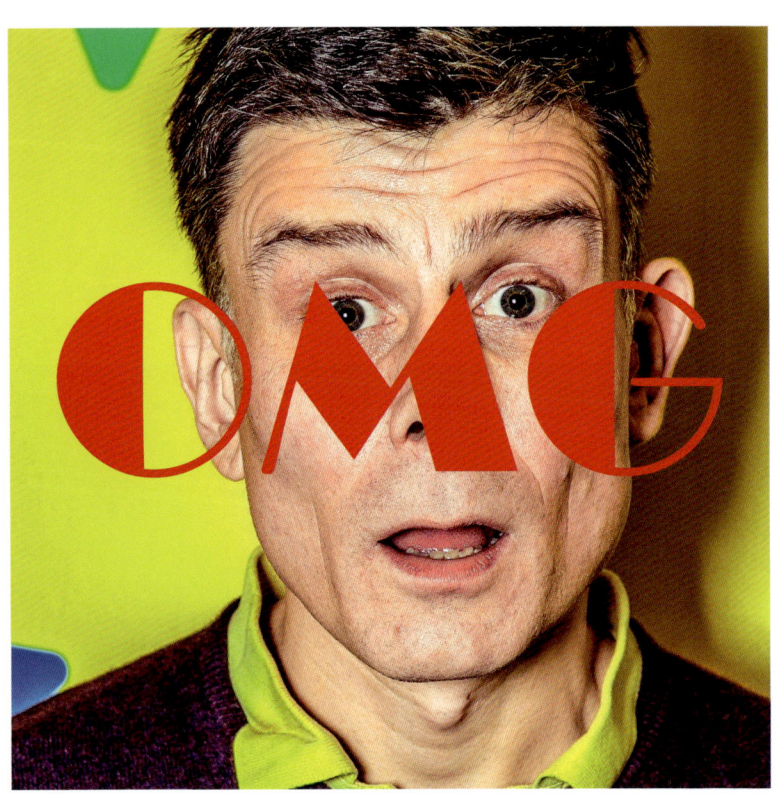

Doch in meiner Not betete ich zum Herrn
und schrie zu meinem Gott um Hilfe.
Da erhörte er mich in seinem Heiligtum,
mein Schreien drang durch bis an sein Ohr.

**LOL. CU. ROFL. FYI. MFG.** Von allen gängigen Abkürzungen, die wir heutzutage in unseren Textnachrichten verwenden, ist OMG die Hervorstechendste. Und auch in unserer Kommunikation kommt ihre ausgesprochene Bedeutung „Oh mein Gott!" meist nicht sehr leise vor. Es ist ein Ausdruck völligen Erstaunens. Entweder über das atemberaubende Kleid der Freundin oder über ebenso spektakuläre oder gar erschreckende Neuigkeiten. Es ist ein Ausruf der Überraschung oder des Schocks – ein Ausruf, der gehört werden will. Dass Gott zum Adressaten des Ausrufes wird, wird den wenigsten bewusst sein. Gott zum Ansprechpartner in der Not zu machen, ist dennoch nicht ungewöhnlich. „Rufen" wir ihn doch häufig an, wenn wir Wünsche oder Ballast loswerden wollen. Gott hört zu, er hat das offene Ohr, welches wir uns wünschen.

**Matthäus**
*Kapitel 5, Vers 13*

**Stellen Sie sich Pommes** einmal ohne Salz vor: in Streifen geschnittene Kartoffelstücke ohne Geschmack. Mit seiner Würzkraft ist Salz auch ein Sinnbild für spürbar moralische Einflussnahme. So wird Bedeutsames gerne als „Salz in der Suppe" bezeichnet. In der Bibel kommt dem Salz in übertragenem Sinn große Bedeutung zu. Im Alten Testament ist der „Salzbund" ein Ausdruck für einen besonders geschützten Bund zwischen Gott und dem Volk Israel. Jesus nennt seine Jünger „das Salz der Erde" und vergleicht die Würze des Salzes mit dem aktiv gelebten christlichen Bekenntnis. Christen sind nicht nur Salz der Erde, sondern vielmehr Salz für die Erde, dessen Würzkraft von jeder und jedem Einzelnen aufrechterhalten werden sollte.

———

*Ihr seid das Salz der Erde.*
*Doch wozu ist Salz noch gut,*
*wenn es seinen Geschmack*
*verloren hat?*
*Kann man es etwa wieder*
*brauchbar machen?*
*Es wird weggeworfen*
*und zertreten, wie etwas,*
*das nichts wert ist.*

ALLES ANDERE ALS GESCHMACKSNEUTRAL

**Was haben die Ein-Euro-Münze,** der Reisepass
und öffentliche Ämter gemeinsam? Alle ziert
der Bundesadler, das Staatswappen der Bundes-
republik Deutschland. Der Ursprung des Wappens
lässt sich bis in die Anfänge des Heiligen Römi-
schen Reiches nachverfolgen. Der Adler ist dabei
ein Symbol des Mutes und der Stärke. Mit kraft-
vollem Flügelschlag hebt der Adler ab und nutzt
Windströmungen, um elegant durch die Luft
zu gleiten. Das lässt sich auch auf Gott und den
Glauben übertragen: Manchmal greift Gott ein,
wenn unsere Kräfte zu Ende gehen. Er hilft. Er
trägt. Er gibt uns die Kraft durchzuhalten, selber
aktiv zu werden und weiterzugehen.

*… aber die auf den HERRN harren,*
*kriegen neue Kraft, dass sie auffahren*
*mit Flügeln wie Adler, dass sie laufen*
*und nicht matt werden, dass sie wandeln*
*und nicht müde werden.*

**Das Gespür einer Mutter** für das, was ihr Nachwuchs braucht, was für ihn richtig ist, und das Bedürfnis, ihn zu beschützen, bezeichnen wir als Mutterinstinkt. In der Tierwelt wird dieser Instinkt besonders deutlich, wenn Vögel ihrem Nachwuchs Schutz unter ihren Flügeln gewähren. Dieses Bild stimmt mit dem Schutzraum unter Gottes Flügeln überein, das bereits im Alten Testament beschrieben wird. Aber wer hat hier das Bild einer Henne im Kopf? Und dennoch wird bei diesem Vergleich neben dem Schutz, den Gott uns unter seinen Flügeln gewährt, auch die Geborgenheit deutlich, die wir bei ihm finden dürfen.

---

*Jerusalem, Jerusalem, du Stadt,*
*die Propheten tötet und*
*die Boten Gottes steinigt!*
*Wie oft wollte ich deine Kinder*
*sammeln, wie eine Henne ihre*
*Küken unter ihren Flügeln birgt,*
*aber du wolltest es nicht*
*zulassen.*

**Wer früher beim Sonntagsnachmittagskaffee** in einem städtischen Café saß und seinen Kuchen aß, musste sich vorsehen, dass ihm eine Schar Spatzen nicht die Krümel vom Teller stibitzte. Heute ist der Spatz selten geworden. In manchen Regionen Deutschlands gilt er bereits als bedrohte Spezies. Aus der Zeit, als die Spatzenpopulation noch unzählbar war, stammt nicht nur der Spruch „Besser den Spatz in der Hand als eine Taube auf dem Dach", sondern auch der biblische Vergleich im unten stehenden Vers. Fünf Sperlinge beziehungsweise Spatzen für zwei Groschen? Spottbillig konnte der delikate Piepmatz erworben werden. Der Vergleich soll sichtbar machen, welchen großen Wert jeder Mensch für Gott hat.

*Verkauft man nicht fünf Sperlinge*
*für zwei Groschen? Dennoch ist*
*vor Gott nicht einer von ihnen vergessen.*
*Auch sind die Haare auf eurem Haupt*
*alle gezählt. Fürchtet euch nicht!*
*Ihr seid kostbarer als viele Sperlinge.*

**Lukas**

*Kapitel 12, Verse 6–7*

# 1. Korintherbrief
*Kapitel 12, Verse 12*

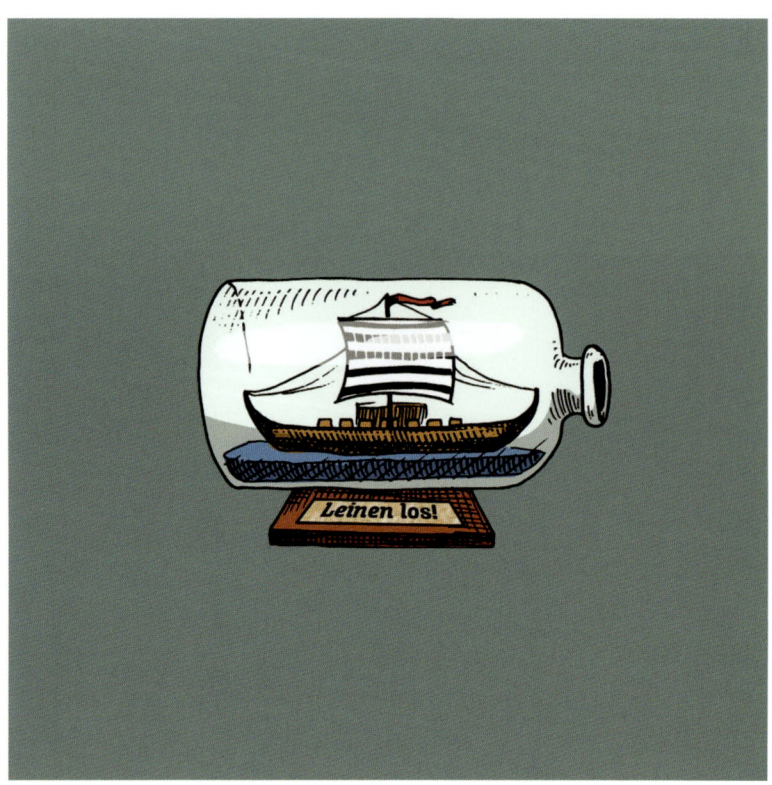

**Ein bekanntes Kirchenlied** von Martin Gotthard Schneider aus den frühen 1960er Jahren stellt einen ungewöhnlichen Vergleich an: Eine Kirchengemeinde ist wie ein Schiff, das unter dem lauten Ruf „Leinen los" in das Meer der Zeit aufbricht. Was auf den ersten Blick nach Seefahrerromantik klingt, entfaltet bei näherer Betrachtung interessante Parallelen zu biblischen Texten. In einer der Strophen heißt es nämlich: „Ein jeder stehe, wo er steht, und tue seine Pflicht; wenn er sein Teil nicht treu erfüllt, gelingt das Ganze nicht." Auch wenn der Pflichtbegriff sperrig anmutet, ist der Bezug auf das Zusammenspiel von unterschiedlichen einzelnen Anteilen zu einem gelingenden Ganzen auch biblisches Gedankengut. Der Apostel Paulus benutzt ein ähnliches Bild von unterschiedlichen Gliedern an einem Leib, um eine gelingende Christusgemeinschaft zu beschreiben.

---

*Denn wie der Leib einer ist und*
*hat doch viele Glieder, alle Glieder des*
*Leibes aber, obwohl sie viele sind,*
*doch ein Leib sind: so auch Christus.*

**Johannes**
*Kapitel 10, Vers 9*

*Wir haben rund um die Uhr* für Sie geöffnet: 24/7. Es kann sehr praktisch sein, zu jeder Tages- und Nachtzeit die Dinge besorgen zu können, die benötigt werden, und nicht vor verschlossener Tür zu stehen. Haben Sie einmal gezählt, durch wie viele Türen Sie täglich gehen und somit einen neuen Raum betreten? Türe und Tore sind Schwellen zu etwas Neuem und bildlich gesehen auch Übergang von einem Zustand zum anderen. Es gibt ein Davor und ein Dahinter. Auch im christlichen Glauben hat die Tür eine besondere Bedeutung. Dies wird zum Beispiel sichtbar im Brauch der Türweihe der Sternsinger, die die Initialen C+M+B zusammen mit der Jahreszahl als Haussegen über die Eingangstür schreiben. Das Kürzel bedeutet „Christus Mansionem Benedicat" (Christus segne dieses Haus) und soll das Böse abhalten. Jesus bezieht das Bild der Tür auf sich und lädt damit ein, den Raum der Gnade Gottes zu betreten. Er ist der Zugang für uns, durch den wir zu Gott gelangen, und das 24/7.

24/7

Ich bin die Tür;
wenn jemand durch mich hineingeht,
wird er selig werden und
wird ein und aus gehen und
Weide finden.

Ich bin dann mal weg

**Spätestens seit Hape Kerkelings Buch** „Ich bin dann mal weg: Meine Reise auf dem Jakobsweg" ist den meisten Deutschen Pilgern wieder ein Begriff. Die Jakobsmuschel ist das wichtigste Erkennungszeichen für Pilger auf diesem Weg und wird üblicherweise am Rucksack getragen. Der Name Jakobsmuschel bezieht sich auf den Apostel Jakobus, der als Schutzpatron der Pilger gilt. Er erhielt die Jakobsmuschel als Erkennungszeichen postum zugedacht. In Darstellungen trägt er sie in der Regel am Hut oder am Gürtel. In der Bibel begegnet uns Jakobus als einer der ersten berufenen Jünger Jesu. Mit Petrus und Johannes gehört er zu den dreien, die im Jüngerkreis eine besondere Stellung einnahmen. Das wird dadurch sichtbar, da sie von allen Aposteln am häufigsten als Begleiter von Jesus genannt werden.

*Und nach sechs Tagen nahm*
*Jesus mit sich Petrus und*
*Jakobus und Johannes,*
*dessen Bruder, und führte sie*
*allein auf einen hohen Berg.*

*Der aber auf das gute Land gesät ist,*
*das ist, der das Wort hört und*
*versteht und dann auch Frucht bringt;*
*und der eine trägt hundertfach,*
*der andere sechzigfach, der dritte*
*dreißigfach.*

**Die späten Sommermonate** gelten als Hochsaison in der Erntezeit. Kein Bild ist hier so eindrücklich wie das der reifen Frucht oder des vollen Korns. Dass sie alle aus einem winzigen Samen gewachsen sind, vergisst man oft. Bei einem normalen Wachstumsverlauf ist dies ein natürlicher Vorgang: Aus einem einzelnen Samenkorn entsteht vielfach Frucht. Im Neuen Testament wird dieser natürliche Vorgang in einem Vergleich aufgegriffen: dem Gleichnis vom Sämann. Von den Gleichnissen Jesu ist es wohl das bekannteste. Darin wird der ausgestreute Samen mit dem Wort Gottes verglichen. Fällt es auf einen fruchtbaren Boden, vermehrt es sich, indem es sich weit ausbreitet. Diejenigen, die das Wort hören, verstehen und für sich annehmen, sind der gute Boden.

**Matthäus**
*Kapitel 13, Vers 23*

**Matthäus**

*Kapitel 16, Vers 19*

**Eine Schlüsselübergabe** ist stets ein besonderer Moment. Wir erhalten den Schlüssel zu einer neuen Wohnung, dem neuen Auto oder gar zu einer Schatztruhe. Wir können etwas aufschließen, was vorher verschlossen war. Ein Schlüssel hat Macht, wenn er passt. Was für diese alltäglichen Situationen zutrifft, ist auch im übertragenen Sinne von Bedeutung: beispielsweise, wenn wir jemandem den Schlüssel zu unserem Herzen geben. Dann wird eine Person zu einer Schlüsselfigur für uns. Als Schlüsselfigur im Neuen Testament tritt der Apostel Petrus in Erscheinung. Ihm werden die Schlüssel zum Himmelreich überreicht und die Verantwortung übertragen, die Botschaft Jesu so zu verkünden, dass Menschen die Tür zum Glauben aufschließen können.

―――――

*Ich will dir die Schlüssel des Himmelreichs geben: Was du auf Erden binden wirst, soll auch im Himmel gebunden sein, und was du auf Erden lösen wirst, soll auch im Himmel gelöst sein.*

## Hiob
*Kapitel 31, Vers 6*

*„Hey, das ist unfair!"* Schon Kinder äußern ihren Sinn für Gerechtigkeit, und sei es nur beim Verteilen der Süßigkeiten. Eine Waage ist dabei nicht ihr Eichmaß, um zu einem für sie gerechten Ergebnis zu kommen. Dabei ist die Waage das Sinnbild des Ausgleichs und, in der Hand der Justitia, der „ausgleichenden Gerechtigkeit". Ihre Figur soll verdeutlichen, dass das Recht nach sorgfältiger Abwägung der Sachlage gesprochen wird. In der Bibel ist es Hiob, der trotz seiner rechtschaffenden und gottesfürchtigen Art auf unterschiedliche Leidensproben gestellt wird und dem scheinbar keine Gerechtigkeit widerfährt. Und doch hält er am Glauben an die Gerechtigkeit Gottes fest. Er steht beispielhaft für jemanden, der auf Gottes Waage der Gerechtigkeit vertraut, seine Situation ergeben annimmt und letztendlich seinen Lohn erhält.

Das ist **unfair**

Gott möge mich wiegen
auf rechter Waage,
so wird er erkennen meine
Unschuld!

# Römerbrief
*Kapitel 3, Vers 28*

**Nicht erst seit dem Reformationsjubiläumsjahr 2017** ist die Lutherrose ein echtes Markenzeichen: Zu Lebzeiten Martin Luthers war sie sein Siegel, mit dem er seine Schriften kennzeichnete. Der Reformator hat die Bedeutung selbst erklärt: „Ein Merkzeichen meiner Theologie. Das erste sollte ein Kreuz sein, schwarz im Herzen, das seine natürliche Farbe hätte, damit ich mir selbst Erinnerung gäbe, dass der Glaube an den Gekreuzigten mich selig macht. Denn so man von Herzen glaubt, wird man gerecht. Solch Herz aber soll mitten in einer weißen Rose stehen, anzeigen, dass der Glaube Freude, Trost und Friede gibt. Darum soll die Rose weiß und nicht rot sein; denn weiße Farbe ist der Geister und aller Engel Farbe. Solche Rose steht im himmelfarbenen Feld, dass solche Freude im Geist und Glauben ein Anfang ist der himmlischen Freude zukünftig. Und um solch Feld einen goldenen Ring, dass solche Seligkeit im Himmel ewig währet und kein Ende hat und auch köstlich ist über alle Freude und Güter, wie das Gold das edelste, köstlichste Erz ist" (WA, Luthers Briefwechsel, 5. Band, S. 444f., Nr. 1628).

Die Lutherrose wird heute als Symbol von lutherischen Kirchen verwendet und findet sich auch im Wappen einiger Orte.

*So halten wir nun dafür,*
*dass der Mensch gerecht wird*
*ohne des Gesetzes Werke,*
*allein durch den Glauben.*

FUN FACT

---

*Hilf mir aus dem Rachen des Löwen und vor den Hörnern der wilden Stiere – du hast mich erhört!*

**Wussten Sie,** dass der Ursprung von Einhörnern höchstwahrscheinlich in der Bibel liegt? Denn als man anfing, den hebräischen Text des Alten Testaments im dritten Jahrhundert vor Christus ins Griechische zu übertragen, standen die Übersetzer vor einem Problem: An mehreren Stellen wurde ein seltsames Tier namens „Re'em" erwähnt. Niemand wusste genau, um welches Tier es sich handelte. Am Ende wurde es als „Monokeros", zu deutsch „Einhorn", übersetzt, basierend auf Zeichnungen kräftiger, wilder Auerochsen. Diese wurden zu der Zeit in Profildarstellungen mit nur einem Horn abgebildet. Auch Luther orientierte sich daran, und so hieß es beispielsweise in Psalm 22,22 bis zur Revision 1984 in der Lutherbibel: „Hilf mir aus dem Rachen des Löwen und errette mich von den Einhörnern!" Ein Tier, das wild und durchaus gefährlich ist und mit unserer heutigen Vorstellung eines Einhorns als Fabelwesen wenig gemeinsam hat.

*Sie blieben aber beständig
in der Lehre der Apostel und
in der Gemeinschaft und
im Brotbrechen und im Gebet.*

**Wir haben sie alle schon einmal gesehen:** die Schilder am Ortseingang mit der Abbildung einer Kirche und den Zeitangaben der Gottesdienste. Eine violette Kirche kennzeichnet evangelische Gottesdienste und eine gelbe die katholischen Messen. Immer wieder sonntags ist der Gottesdienst das Zusammentreffen von Menschen, die als Gemeinschaft mit Gott in Verbindung treten. Eine Beschreibung dieser Gemeinschaft, der ersten Gemeinde, finden wir in der Apostelgeschichte: eine zunächst kleine Gruppe von Christen, die im Zusammenschluss eine Bewegung in Gang gesetzt hat, die die Welt bis heute beeinflusst.

STAUB ZU STAUB

Denn Staub bist du
und zum Staub
kehrst du zurück.

## 1. Buch Mose
*Kapitel 3, Vers 19*

**„Aus der Erde sind wir genommen,**
zur Erde sollen wir wieder werden, Erde
zu Erde, Asche zu Asche, Staub zu Staub" –
diese liturgische Formel ist Teil der Beerdi-
gungszeremonie und wird bei der Grab-
legung von Verstorbenen gesprochen. Die
Formel greift Texte aus dem Alten Testament der Bibel auf. Zum einen wird auf das
Schöpfungsgeschehen Bezug genommen:
„Da machte Gott der HERR den Menschen
aus Staub von der Erde und blies ihm den
Odem des Lebens in seine Nase. Und so
ward der Mensch ein lebendiges Wesen"
(1. Mose 2,7).

Zum anderen wird eine Textpassage zitiert,
in der dem Menschen die eigene Vergäng-
lichkeit vor Augen gestellt wird: Aus Staub
geschaffen, wird er wieder zu Staub werden.
Der Ewigkeitssonntag im November, auch
Totensonntag genannt, ist dem Andenken
an Verstorbene gewidmet. Neben dem Toten-
gedenken wird in vielen Gottesdiensten
auch zu einem bewussteren Umgang mit
der Lebenszeit ermutigt. Mit dem Ewigkeitssonntag endet das Kirchenjahr.

*i*

**Im Kinofilm „Bruce Allmächtig"** aus dem Jahr 2003 werden
dem Hauptdarsteller Bruce Nolan alle Fähigkeiten von Gott
übertragen, während dieser Urlaub macht. In einer Auseinan-
dersetzung mit seiner Freundin macht Bruce seinen göttli-
chen Allmachtsanspruch deutlich: „Du kannst mich nicht
verlassen. Ich bin das Alpha, Lady. Ich bin das Omega, Baby!"

Alpha und Omega sind der erste und der letzte Buchstabe des
griechischen Alphabets. Sie werden als Symbol für Anfang
und Ende verstanden. In christlicher Deutung stehen sie insbesondere für Jesus Christus. Deshalb tauchen Alpha und
Omega häufig als Begleitmotiv zum Christusmonogramm auf.

In der Offenbarung des Johannes bezeichnet sich Jesus selbst
als „das Alpha und das Omega, der Erste und der Letzte, der
Anfang und das Ende". Der Autor dieses biblischen Textes
bezieht sich dabei insbesondere auf einen Text aus dem Pro-
phetenbuch Jesaja im Alten Testament. Dort wird Gott als
„Erster und Letzter" beschrieben (Jesaja 44,6). Mit den Buchstaben Alpha und Omega wird diese Gottesbeschreibung
aufgegriffen und auf Jesus Christus zugespitzt. Jesus Christus
ist der Offenbarung zufolge derjenige, der die gesamte Wirk-
lichkeit umfasst.

Ich bin das A und das O, der Erste und der Letzte,
der Anfang und das Ende.

die
auto

# DIE AUTOREN

**Michael Jahnke**

*geboren 1967 am Niederrhein, ist studierter Pädagoge und hat viele Jahre in religionspädagogischen Handlungsfeldern gearbeitet. Bei der Deutschen Bibelgesellschaft in Stuttgart ist er für Kommunikation und Bibelprojekte verantwortlich.*

**Franziska Schikora**

*geboren 1982, hat Germanistik und Kunstgeschichte studiert. Bei der Deutschen Bibelgesellschaft ist sie Redaktionsleiterin für Webseite und Social Media.*

*bilde*

# BILDNACHWEIS

Umschlag | xenia_gromak, photocase.de
Seite 12 | Adventskranz: Deutsche Bibelgesellschaft
Seite 15 | Christstollen: bernjuer, iStockphoto.com
Seite 16 | Lametta: Belaya-Medvedica, iStockphoto.com
Seite 19 | Nuss: coffeee-in, iStockphoto.com
Seite 20 | Silvester: chachanit, AdobeStock.com
Seite 23 | Stern: sololos, iStockphoto.com
Seite 24 | Paradiesapfel: DIGITALproshots, iStockphoto.com
Seite 27 | Regenbogen: samiph222, iStockphoto.com
Seite 29 | Fisch: Deutsche Bibelgesellschaft
Seite 31 | Senfkorn: Deutsche Bibelgesellschaft
Seite 33 | Nubbel: Deutsche Bibelgesellschaft +
          kunst-mp, iStockphoto.com
Seite 35 | Judaslohn: Julie, Lightstock.com
Seite 36 | Kelch: Lord_Kuernyus, iStockphoto.com
Seite 39 | Oblate: Tegarandito, iStockphoto.com
Seite 40 | Lamm: Tim Marshall, Unsplash.com
Seite 43 | Hahn: Bonnie, Lightstock.com
Seite 45 | Kreuz: DCINK, iStockphoto.com
Seite 46 | Osterei: mizoula, iStockphoto.com
Seite 49 | Lilie: Annie Spratt, Unsplash.com
Seite 50 | Hirtenstab: larryrains, iStockphoto.com
Seite 53 | Ring: layritten, iStockphoto.com
Seite 55 | Andreaskreuz: Wikimedialmages, Pixabay.com
Seite 56 | Christusmonogramm: FotografiaBasica, iStockphoto.com
Seite 59 | Herz: Joanna Kosinska, Unsplash.com
Seite 61 | Taube: StockSnap, Pixabay.com
Seite 62 | Gottesauge: nosyrevy, AdobeStock.com
Seite 65 | Anker: inktycoon, iStockphoto.com
Seite 66 | Betende Hände: kenny371, iStockphoto.com
Seite 68 | Burg: shipyard nice media, hamburg.de
Seite 70 | Engel: timurock, iStockphoto.com
Seite 73 | Heiligenschein: Jan Haerer, Unsplash.com

Trotz intensiver Bemühungen ist es uns nicht gelungen,
alle Rechteinhaber ausfindig zu machen.
Entsprechende Hinweise nehmen wir dankend an.

# ENGELS-GESCHICHTEN

## aus der Bibel

**Susanne Niemeyer**

**FLIEGEN LERNEN**
ENGELSGESCHICHTEN
AUS DER BIBEL

Mitten im Alltagstrubel tauchen
sie auf. Oft, wenn man überhaupt
nicht mit ihnen rechnet. Susanne
Niemeyer erzählt von Engeln,
die sich in den Weg stellen, Beine
machen und beflügeln – ein himm-
lisches Lesevergnügen.

*136 Seiten, zahlr. Abbildungen,*
*Klappenbroschur, 12 x 19 cm*

ISBN 978-3-96038-155-6
€ 15,00 (D) | € 15,50 (A)
Bestellnr. 238155

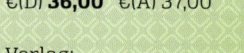